넌 인생이 뭐라고 생각하냐?

넌 인생이 뭐라고 생각하냐?

발행일 2019년 03월 31일 (1판 1쇄)

지은이 유진
발행인 유현종

발행처 포럼
신 고 2003년 11월 27일 (제406-2003-000400호)
주 소 경기도 파주시 재두루미길 70, 파주출판도시 페레그린빌딩 208호
전 화 02-337-3767
팩 스 02-337-3731
이메일 forumpubl@naver.com

ISBN 978-89-92409-41-4 (03810)

▮ 책값은 뒤표지에 있습니다.
▮ 잘못된 책은 바꾸어 드립니다.

▮ 이 도서의 국립중앙도서관 출판예정도서목록(CIP)은 서지정보유통지원시스템 홈페이지(http://seoji.nl.go.kr)와 국가자료공동목록시스템(http://www.nl.go.kr/kolisnet)에서 이용하실 수 있습니다. (CIP제어번호 : CIP2019009071)

넌 인생이 뭐라고 생각하냐

목차

머리말 시시하고 소소한 것에서 떠올리는 '인생'

001 ············ 거울
002 ··· 조각 케이크
003 ······················ 레몬
004 ·········· 두부
005 ··················· 스마트폰
006 ··· 지구본
007 ······································ 썬팅
008 ················ 갈대
009 ······ 화이트보드
010 ························· 보석함
011 ······ 마을버스
012 ······ 누룽지
013 ··················· 설거지
014 ··· 머그컵
015 ······································ 아날로그 시계
016 ··· '대모험'을 부제로 내건 어드벤처 애니메이션
017 ············ 만년필
018 ························· 머리끈
019 ··· 티백
020 ······················ 연필
021 ······ 이어폰
022 ······ 영수증
023 ················ 신용 카드
024 ······································ 밥

025 ··· 냉장고

026 ································· 칫솔

027 ···················· 수도관

028 ························· 인형탈

029 ·············· 행거

030 ······ 낚시 미끼

031 ·············· 타이어

032 ·············· 지하철

033 ··· 차선

034 ···················· 내비게이션

035 ········· 스포츠타올

036 ·············· 다리미

037 ········· 백팩

038 ································· 가위

039 ···················· 다이어리

040 ·············· 제로 콜라

041 ··· 자판기

042 ········· 알사탕

043 ········· 양말

044 ··· 장작

045 ························· 찍찍이

046 ······ 박스 테이프

047 ···················· 세차

048 ··· 요가 매트

049 ································· 캣타워

050 ············ 양은 냄비

051 …………………… 비타민 알약
052 ………………………… 어항
053 ……………… 컬러링북
054 …… Wi-Fi 비밀번호
055 ……………… 북카페
056 ……………… 보조 배터리
057 … 맥가이버 칼
058 …………………… 라면
059 ……… 평양 냉면
060 ……………… 명품
061 ……… 보도블록
062 ………………………………… 바닥 난방
063 …………………… 꽃다발
064 ……………… 신문
065 … 페이크퍼
066 ……………… 칼
067 ……… 거미줄1
068 ……… 거미줄2
069 ………………………… 창문
070 …… 노래방 마이크
071 …………………… 타로 카드
072 … 프라이팬
073 ……………… 라떼
074 ……………… 풍선
075 …………… 방학 계획표
076 ………………………………… 카페인

077 ······················ 엄지장갑
078 ········· 흰 셔츠
079 ··················· 배추
080 ··· 김밥
081 ······································ 책
082 ················ 음원 파일
083 ······ 피아노
084 ························ 포스트잇
085 ······ 역기
086 ······ 전자레인지
087 ··················· 자동차
088 ··· 낚싯배
089 ······································ 난루
090 ··· 커플링
091 ············ 철새
092 ························· 섬유 유연제
093 ··· 안경
094 ······················ 버스킹
095 ······ 갑티슈
096 ······ 베개
097 ················ 새로 빤 이불
098 ······································ 팔레트
099 ········· 우산
100 ~ e.g.
넌 맞춤법이 뭐라고 생각하냐?
이미지

머리말

시시하고 소소한 것에서 떠올리는 '인생'

어느 주말의 여유로운 아침, 느닷없이 어려운 질문이 날아들었다. "넌 인생이 뭐라고 생각하냐?" 다섯 살 꼬마의 미간에 살짝 주름이 잡히더니 눈동자 굴러다니는 소리가 들린다. 약간 긴장한 기색의 아이는 눈앞에 보이는 '김밥'을 외치고 그럴듯한 말을 덧붙였다. 다음 주말에도, 그 다음 주말에도 어려운 질문은 계속 이어지고, 꼬마는 점점 더 재밌는 답을 내놓았다.

나의 아빠는 내가 다섯 살 때부터 "넌 인생이 뭐라고 생각하냐?"고 물었다. 이 책은 내가 어릴 적 아빠와 함께 했던 놀이, 공부, 질문, 대화에서 시작된 것이다. 실제로 어린 시절 뿌듯한 마음에 수첩에 적어둔 기록이 남아 있어, 그 이야기를 가져다 책에 쓰기도 했다.

인생을 사유하는 방법은 간단하다. 먼저 물어본다.

"넌 인생이 뭐라고 생각하냐?" 눈에 띄는 무엇이든, 일단 말해본다. 칫솔, 냉장고, 지하철…. 그리고 짧게 물어본다.

"왜?" 앞에서 내가 말한 사물의 특징을 알고 있는 대로 설명하면 된다. 그리고 의미심장하게 물어본다.

"그래서?" 사물의 특징을 인생의 특징으로 상정하고 갖다 붙여서 고개를 끄덕이게 만들면 성공이다. 잘 모르겠으면 99개 이야기를 읽는 수밖에 없다. 당신을 위해 내가 먼저 써놓았다.

『넌 인생이 뭐라고 생각하냐?』는 다시 예전처럼 인생에 대해 명료하게 말해보고 싶어서 쓴 책이다. 다섯 살은 눈앞에 보이는 것에서 간단히 답을 찾았지만, 어른이 되고 나이가 들수록 나는 답을 찾는 것이 너무나 어려웠다. 인생을 안다고 말할 용기도 생기지 않았고, 재치 있는 아이디어도 떠오르지 않았다. 심하게 부정적이거나, 복잡하거나, 억지스러운 이야기만 하게 되는 것이 슬펐다. 아빠는 더 이상 내게 인생을 묻지 않으시지만, 지금의 내가 그때의 질문에 답한다면 어떤 글이 나올지 궁금했다. 나는 어린 시절 아빠가 내게 던진 질문을 스스로 품었다.

일상에서 인생을 생각하는 것이 옳다. 대단한 철학자만 인생을 사유하라는 법 있나. 내 인생은 내가 살아내는 것인데. 내 인생을 정의하는 사람도 마땅히 '나'여야 한다.

만물을 보면 깨달음이 있다.

이익, 『성호사설』 관물(觀物)

이익은 '눈이 닿는 데마다 느껴지고 깨달음이 있다'고 했다. 삶을 함께 살아가는 생물과 인생이라는 그림에 등장하는 사물을 포함한 세상의 모든 것, 문자 그대로 '만물(萬物)'에서 인생을 배운다.
매일 들고 다니는 이어폰, 매일 밟고 다니는 보도블록, 슬쩍 보고 그냥 말았던 철새들의 날갯짓, 참지 못하고 한 조각을 더 먹은 케이크, 지금도 째깍째깍 돌아가고 있는 시계, 효과가 있는지 몰라도 안 챙기면 불안해서 먹게 되는 비타민 알약, 필통에 들어 있는 연필에서 인생을 생각한다. 눈이 닿는 데마다 깨달음이 있으므로.

이 책은 시시하고 소소한 것에서 인생을 떠올린다. 인생 밖에서 인생을 찾을 수 없기 때문이다. 항상 그 자리에 있던 존재를 조금 낯설게 바라보고, 해석하고, 의미를 부여했다. 본문 오른쪽 페이지의 사진들은 인생 키워드를 직관적으로 받아들일 수 있도록 일부러 사실적이고 운치를 찾아보기 힘든 것으로 골랐다. 다큐 속 낭만을 담고 싶었다.

'넌 인생이 뭐라고 생각하냐?'는 질문은 읽기, 쓰기, 말하기의 처음과 끝이다. 어린아이에게는 자신을 둘러싼 세상을 읽어내는 방법을, 인생을 탐색하고 탐구하는 청춘에게는 스스로를 북돋우는 글을 써볼 기회를, 어른들에게는 자신이 살아온 삶을 기록하고 앞으로 살아갈 시간에 대해 진솔하게 말할 수 있는 계기를.

많이 돌아다니고, 낯섦을 두려워하지 말고, 새로운 사람을 만나야 한다. 사람은 자신이 보고 있는 것에서 자신의 인생을 떠올리고, 인생을 정의하고, 인생을 살아내기 때문이다. 다른 인생을 살아야 다른 시선을 갖게 되는 것이 아니라, 다른 시선을 가져야 다른 인생을 살게 된다. '넌 인생이 뭐라고 생각하냐?'는 질문은 곧 '넌 무엇을 보고 있냐?'는 뜻이다.

이 책은 시선에 관한 글이다.

다섯 살 정도의 아이를 키우는 독자가 있다면, 오늘부터 이 책의 제목을 아이에게 들려주면 좋겠다. 인생을 스스로 배우는 것만큼 진하게 남는 추억은 없다. 처음에는 앞뒤가 맞지 않는 우스운 말을 할지도 모르지만, 원래 인생은 수수께끼라서 괜찮다. 나중에는 분명 그 수수께끼에서 실마리를 얻게 될 테니까.

인생의 황금기를 살고 있는 청춘의 독자가 있다면, 이 책의 이야기가 조금이나마 인생에 힌트가 되었으면 좋겠다. 나는 이 글을 쓰면서 위로받고, 또 자극받을 수 있었다. 인생을 사유하는 기회가 되었다. 그리고 앞으로도 '넌 인생이 뭐라고 생각하냐?'는 질문을 품고 살아가고 싶다고 생각했다. 하루 더 살아보고 생각해낸 인생의 답은 무엇일지 궁금하다.

노을이 지는 것을 보고 남들은 인생이 저문다고 말하지만 실은 가장 뚜렷하고 뜨겁게 해의 빛깔을 만끽하고 있는 어른의 독자가 있다면, 새삼스럽게 인생이란 무엇이었고, 무엇이고, 무엇이고 싶은지 생각해볼 수 있는 기회가 되었으면 좋겠다. 다 산 것처럼 말하게 될 때가 많지만, 흔히들 하는 말처럼 인생이야말로 끝날 때까지 끝난 것이 아니니까. 조금 익숙해졌을 뿐 인생은 영원히 능숙해지지 않는 무엇이다.

멋진 질문을 선물해준 나의 아빠, 흔쾌히 자신의 인생 키워드를 책에 쓰도록 허락해준 친구들에게 감사드린다.

그래서,
넌 인생이 뭐라고 생각하냐?

유진

001

넌 인생이 뭐라고 생각하냐?

거울.

왜?

스스로를 확인하는 가장 정확한 도구인데

'반대로' 보이니까.

그래서?

인생은 영원히 '개썅마이웨이'일 수밖에 없어.

내가 걷는 길이 다른 사람에게는 뒤집혀서 보인다고 생각하면

나의 선택을 남들이 이해하지 못하는 것도 무리는 아니지.

그러니까, 그냥 내 맘대로 살면 돼.

?

002

넌 인생이 뭐라고 생각하냐?

조각 케이크.

왜?

케이크의 일부인 동시에 전부니까.

그래서?

한 사람의 인생은 공동체의 일부이기도 하지만,

그 자체로 완전한 작품이야.

그러니까 지금 어디에도 속하지 않아도 괜찮아.

불안해할 필요 없어.

나는 이미 그 자체로 완전한 존재니까.

003

넌 인생이 뭐라고 생각하냐?

레몬.

왜?

레몬만 주면 다들 싫다고 하지만,

항상 요리 맨 위에 장식되고 뿌려지니까.

그래서?

주인공의 정의는 여러 가지야.

단독으로 무대에 서서 화려하게 연기를 펼칠 수 있는 사람은

그렇게 많지 않아.

하지만 내 인생이 단독으로 특별하지 않더라도

모든 시공간에 있어 내 인생은 맨 꼭대기에 자리하고 있어.

누구에게나 '나'는 항상 1인칭이거든.

004

넌 인생이 뭐라고 생각하냐?

두부.

왜?

사람마다 '완성'이라고 느끼는 순간이 다르잖아.

그래서?

콩 자체를 좋아하는 사람도 있고,

순두부를 좋아하는 사람도 있고,

비지찌개를 좋아하는 사람도 있고,

단단한 두부를 좋아하는 사람도 있고,

김치가 있을 때만 두부를 먹는 사람도 있어.

인생이 썩 마음에 드는 순간과 완성이라고 느끼는 지점은

인구수만큼 다양해.

남들이 뭐라고 하든, 먹고 싶은 대로 먹으면 그만이야.

005

넌 인생이 뭐라고 생각하냐?

스마트폰.

왜?

내가 만들지는 못해도, 사용할 수는 있잖아.

그래서?

인생은 부탁하고 의뢰하고 주문할 줄 알면 돼.
뭐든 직접 해야 한다는 강박에서 벗어나면 훨씬 편안해져.
나 또한 부탁, 의뢰, 주문받은 일을 할 수 있으면 되는 거잖아.
어떤 것을 나보다 잘하는 사람이 많다고 열등감 느낄 필요 없어.
어떤 것은 그 사람들보다 반드시 내가 더 잘하거든.
다 잘하려고 하지 말고,
그 어떤 것만 찾으면 돼.

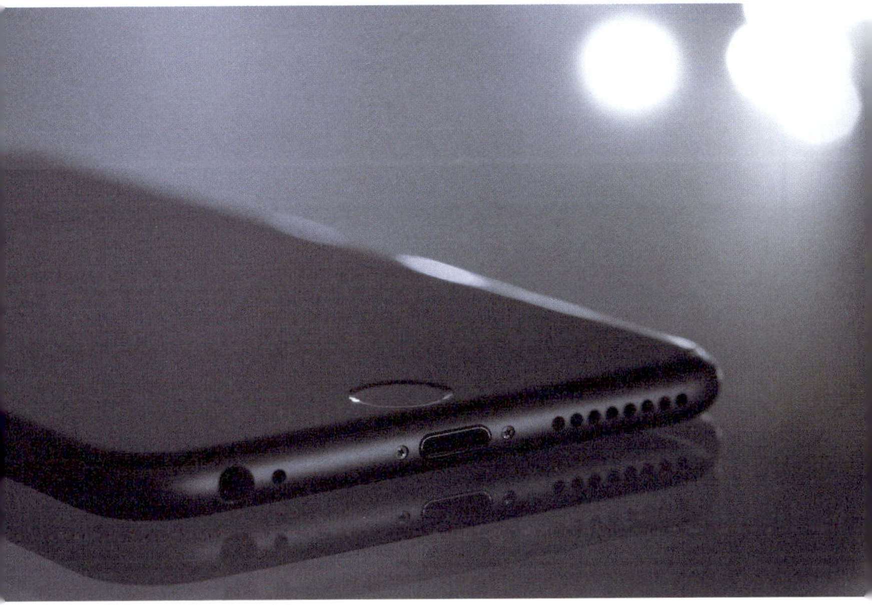

006

넌 인생이 뭐라고 생각하냐?

지구본.

왜?

우리나라만 이상할 정도로 크게 그리니까.

그래서?

내 눈에는 내가 제일 잘났어.

그게 정상이야.

인생의 영토는 내가 그리는 만큼 넓어지고 깊어지니까,

언제나 나를 크게 그려야 해.

남들 앞에서 얼마만큼 용인되는지는 각자의 몫이지만.

007

넌 인생이 뭐라고 생각하냐?

썬팅.

왜?

내 인생은 보여주기 싫어하면서

남 인생은 엄청나게 궁금해하니까.

그래서?

사람들이 가십에 열광하는 것 또한

남의 인생을 들여다보고 싶어하는 욕구에서 출발해.

경쟁적으로 진하게 썬팅한 차는 확실히 아무것도 보이지 않지만,

차 안에서 보이는 풍경은 '진짜'일까?

그건 안전한 걸까, 뭣도 모르는 걸까.

썬팅하지 않은 인생이 드물지만, 진짜 인생은 썬팅 밖에 있어.

008

넌 인생이 뭐라고 생각하냐?

갈대.

왜?

숙일 줄 아니까.

또, 다시 일어설 줄 아니까.

그래서?

인생은 숙일 줄 아는 것보다

금세 벌떡 다시 일어설 줄 아는 것이 더 중요해.

갈대의 저력은

유연하게 숙일 때가 아니라, 힘 있게 일어설 때 나오니까.

009

넌 인생이 뭐라고 생각하냐?

화이트보드.

왜?

처음에는 실컷 쓰고 또 지울 수 있지만
보드 마커의 잉크도 지우개의 세정력도 점점 휘발되잖아.

그래서?

인생도 똑같아.
젊을 때는 실컷 쓰고 또 지울 수 있지만
나이가 들면 청춘도, 열정도, 기회도, 점점 휘발되거든.
그러니까 젊을 때, 맘껏 양껏 한껏,
인생이라는 화이트보드에
쓰고 지우고, 또 쓰고 지우고 해야 돼.

CLARUS

010

넌 인생이 뭐라고 생각하냐?

보석함.

왜?

분명 소중한 것을 모아둔 곳이지만
솔직히 뒤죽박죽이야.

그래서?

소중하다고 해서 매 순간 잘 정돈되어 있거나
애정만으로 가득할 수는 없어.
진심으로 사랑하는 사람과 심각하게 싸울 수도 있고,
정말 하고 싶었던 일도
막상 잘 풀리지 않으면 깊이 후회하기도 해.
그래도 괜찮아.
인생이라는 보석함 속 하루하루는 단단한 보석이라서,
쉽게 깨지지 않으니까.

011

넌 인생이 뭐라고 생각하냐?

마을버스.

왜?

마을의 같은 자리를 맴도는 듯하지만
조금씩 변하는 동네의 풍경에 맞춰 노선이 변하니까.

그래서?

완전히 다른 지역으로 가야만 노선을 바꿀 수 있는 것은 아니야.
한 마을에서 한 장르에서 한 자리에서
사람은 조금씩 자신의 세상을 넓혀가며 노선을 수정해.
맴도는 것처럼 보이지만 실은 성장하고 있어.

012

넌 인생이 뭐라고 생각하냐?

누룽지.

왜?

눌어붙은 주제에 맛있으니까.

그래서?

미련하고 굼뜬 행동이 꼭 나쁜 건 아니야.

모두가 끝이라고 말할 때, 모두가 고개를 절레절레 흔들 때,

자리를 지키고 한 번 더 해보는 사람이 꼭 있잖아.

뚝심과 끈기가 기적을 불러오기도 하니까.

눌어붙은 누룽지에서 가장 농후한 맛이 나기도 하니까.

013

넌 인생이 뭐라고 생각하냐?

설거지.

왜?

다음에 쓸 그릇을 씻는 거니까.

그래서?

설거지는 요리의 끝이 아니라, 다음 요리의 시작이야.
밥은 매일 먹는 것이니까
뒷정리를 즐기지 못하면 요리를 진정으로 즐길 수 없잖아.
결승선은 반드시 출발선과 연결되어 있어.
인생 안에서 일어나는 그 어떤 일이라도, 끝은 항상 시작이야.

014

넌 인생이 뭐라고 생각하냐?

머그컵.

왜?

작지 않지만 그래봤자 컵이고,

크지 않지만 많이도 들어가서.

그래서?

머그컵은 컵에 불과하지만 그 속에 많은 것들이 들어가.

인간은 우주의 티끌에 불과하지만 그 존재감은 분명해.

그 컵을 채워가는 게 인생 아닐까.

그 티끌을 가꾸는 게 인생 아닐까.

015

넌 인생이 뭐라고 생각하냐?

아날로그 시계.

왜?

톱니바퀴가 연결되어 있으니까.

그래서?

'집중'에 대한 흔한 오해가 '오직 하나만 바라본다'는 거야.
밥도 안 먹고 잠도 안 자야 '집중'하는 것이라고 착각하지.
하지만 일상을 무너뜨리고 성공하는 인생이란 없어.
인생은 아날로그 시계 같아서,
초침이 움직여야 분침이 돌아가고 마침내 시침이 움직여.
일상이 아름다워야 인생이 아름다워져.
밥도 잘 먹고 잠도 잘 자야 일도 잘할 수 있는 게 당연하잖아.

016

넌 인생이 뭐라고 생각하냐?

'대모험'을 부제로 내건 어드벤처 애니메이션.

왜?

즐겁지만, 영화가 끝나면 딱히 '대'모험인지 의문이 드니까.

그래서?

모두가 호들갑을 떨며 탄생을 축하해주지만,
앞으로 대단한 일들이 펼쳐질 거라면서 기대감을 높이지만,
인생을 살아가며 문득 '대모험은 아닐지도….' 생각이 들지.
스스로가 무척 평범하다는 생각도 들어.
하지만 늘 그렇듯이, 현실은 영화보다 더 영화 같아.
그러니까 너무 실망할 필요 없어.
'대'모험은 아닐지 몰라도, 실제로 꽤나 재밌거든.

017

넌 인생이 뭐라고 생각하냐?

만년필.

왜?

잘 다루면 멋있지만, 익히는 데 오래 걸리니까.

그래서?

흔들리지 않는 심지를 갖고 싶지만
그건 불혹不惑(40세)이고,
세상이 어떻게 돌아가는지 알고 싶지만
그건 지천명知天命(50세)이고,
진심으로 저 사람의 말을 이해하고 싶지만
그건 이순耳順(60세)이고,
자유롭게 살고 싶지만
그건 종심從心(70세)이라고 하네.

018

넌 인생이 뭐라고 생각하냐?

머리끈.

왜?

집에 엄청 많이 가지고 있는데,

정작 필요할 땐 없어.

그래서?

내 인생에서 내 삶은 항상 뒷전이잖아.

어차피 내 것이니까, 넘치도록 많은 시간을 가지고 있으니까,

쉽게 방심하고 방치하지.

얌전히 통 속에서 기다릴 줄 알았건만,

정신 차리고 보면 이미 '나'는 사라지고 없더라.

019

넌 인생이 뭐라고 생각하냐?

티백.

왜?

여러 번 기회가 있을 것만 같지만,

혹은 그렇게 생각하고 싶지만,

정말 맛있게 우려지는 것은 딱 한 번 뿐이니까.

그래서?

한 번의 실패로 인생이 망하지는 않지만

결국 내 인생은 한 번 뿐이라는 걸 잊거나 외면하는 순간,

쓴맛밖에 남지 않은 차를 마시게 돼.

020

넌 인생이 뭐라고 생각하냐?

연필.

왜?

'쓸'수록

심은 닳지만 내가 쓴 것이 남으니까.

그래서?

몸을 사리면 확실히 상처받을 일은 생기지 않아.

하지만 어디에도 흔적을 남길 수 없지.

연필을 쓰지 않고 오래도록 방치하면 이리저리 굴러다니다

결국 흑연과 나무가 겉돌아 심이 빠지고 말잖아.

닳지 않은 연필은 영혼이 빠져나간 인생이야.

021

넌 인생이 뭐라고 생각하냐?

이어폰.

왜?

듣고 싶은 것을 선택할 수 있지만,

듣고 싶은 것에만 너무 집중하면 안 되거든.

그래서?

거리의 소음이 듣기 싫다는 이유로

자동차 클랙슨이 들리지 않을 정도로 귀를 막고 걸으면

반드시 사고가 나.

내 마음속 작은 이야기에 집중해야 할 때도 있지만,

바깥의 소리에 귀 기울이지 않으면 언젠가 크게 다치고 말 거야.

022

넌 인생이 뭐라고 생각하냐?

영수증.

왜?

쇼핑할 때는 의식하지 못하지만
나중에 영수증을 확인하면
쓸데없는 걸 너무 많이 샀다는 게 보이니까.

그래서?

영수증을 보고 뼈저리게 후회하는 건 인생도 마찬가지야.
바쁘게 살 때는 눈치채지 못하지만
나중에 인생을 돌아보면
쓸데없는 일을 너무 많이 했다는 게 보이거든.
필요 없는 물건들을 끌어안고 살았구나,
끊어냈어야 할 사람 때문에 괜히 아파했구나,
그렇게 많은 시간을 투자할 일이 아니었구나,
한참 뒤에야 인생을 깨닫게 되거든.

KOO
Mandarin
CHOICE GRADE

023

넌 인생이 뭐라고 생각하냐?

신용 카드.

왜?

카드는 나를 믿고 있겠지만,

나는 카드를 믿고 있으니까.

그래서?

시간은 사람을 믿고 있지만, 사람은 시간을 믿어버리지.

인생은 사람을 믿고 있지만, 사람은 인생을 믿어버려.

신뢰를 저버린 무책임은 파산의 지름길이야.

미래의 내가 해결할 것이라며 게으름 피우는 짓을 반복하다보면

어느 순간 깨닫게 되지.

더 이상 미래의 나는 지금의 나를 수습해줄 능력이 없다는 걸.

024

넌 인생이 뭐라고 생각하냐?

밥.

왜?

갓 지은 밥이 제일 맛있거든.

그래서?

묵혀둬서 더 좋아지는 인생이란 없어. 찬밥 신세가 될 뿐이야.

오늘은 최선을 다해 오늘을 살아야 해.

행복을 내일로 미루는 순간 불행이 예약되고,

노력을 내일로 미루는 순간 실패가 예약되는 거야.

갓 지은 삶이 제일 멋있거든.

025

넌 인생이 뭐라고 생각하냐?

냉장고.

왜?

음식을 오래 보관할 수 있는 건 맞지만,
냉장고에 넣지 않고 빨리 먹을수록 맛있는 것도 사실이니까.

그래서?

인생은 거대한 냉장고야.
기회도, 열정도, 행복도, 쓰지 않고 고스란히 남겨두면
어느 정도까진 보관할 수 있어.
하지만 역시 수분이 날아가서 푸석푸석하고,
다른 음식들의 냄새가 섞여서 풍미가 떨어지고,
넣어둔 사실을 잊어버려서 유통 기한이 지나버리기도 해.
그게 뭐든, 지금 가까이 있다면
나중으로 미루지 마.

LIGHT CREAM

026

넌 인생이 뭐라고 생각하냐?

칫솔.

왜?

음식을 먹고 난 뒤의 입을 청소하는 게 일이고,

물 튀기는 욕실에서 살아야 하지만,

항상 '깨끗'해야 하니까.

그래서?

그것이 청렴이든, 정직이든, 양심이든,

지저분한 세상에 살면서도 항상 '깨끗'해야 하는 것이

사람이잖아.

난세의 영웅이 타고나는 운명이자 사명이지.

우리는 모두

누군가의 영웅으로 태어나니까.

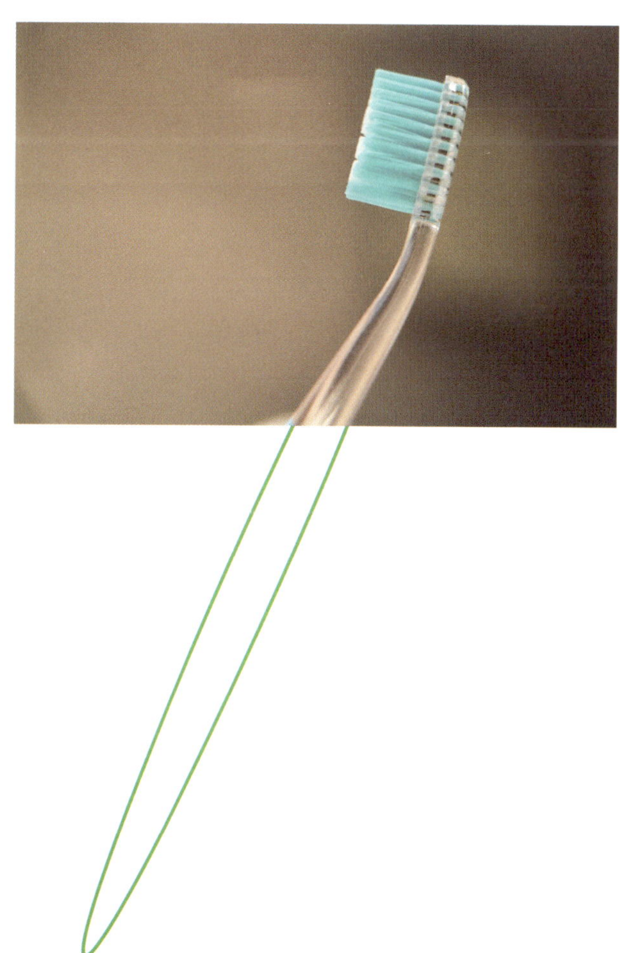

027

넌 인생이 뭐라고 생각하냐?

수도관.

왜?

물이 아무리 깨끗해도
물이 지나는 길이 더러우면 소용없으니까.

그래서?

좋은 취지로 시작한 일이라는 말은 아무 변명도 되지 못해.
사실은 그런 뜻이 아니었다는 말은 아무 해명도 되지 못해.
성선설(性善說), 성악설(性惡說), 많은 인성론이 있지만
선하게 태어났든 악하게 태어났든,
어떤 인생을 살아내고 있느냐가 훨씬 더 중요하니까.
다 지나고, 다 거치고, 다 흐르고 난 뒤가
진짜 인생이니까.

028

넌 인생이 뭐라고 생각하냐?

인형탈.

왜?

귀여운 얼굴 뒤에는 땀에 흠뻑 젖은 내가 있으니까.

그래서?

어릴 때는 순수한 동경의 대상이지만
어른이 되면 인형탈 안에 사람이 있다는 걸 알게 되는 것처럼,
어릴 때는 마냥 해맑고 모든 게 즐겁지만
어른이 되면 흘려야 할 '피 땀 눈물'을 알게 돼.
그 뒷이야기를 이해할 때,
비로소 인생을 안다고 말할 수 있지 않을까.

029

넌 인생이 뭐라고 생각하냐?

행거.

왜?

수납할 수 없으니까.

가진 것을 모두 드러내야 하니까.

그래서?

수납은 근본적인 해결책이 되지 못해.

물건도, 상처도, 사랑도,

버리지 않고 정리가 제대로 될 리가 없잖아.

수납 노하우 같은 거 찾아볼 시간에 버리는 습관을 들여야 해.

인생은 행거 같아서,

내가 가지고 있는 것들을 똑바로 마주할 수밖에 없으니까.

030

넌 인생이 뭐라고 생각하냐?

낚시 미끼.

왜?

큰 고기를 낚고 싶으면 큰 미끼를 써야 하니까.

그래서?

아무것도 내주지 않을 생각으로 낚시를 하면

아무것도 낚을 수 없는 것처럼,

아무것도 잃지 않을 생각으로 인생을 살면 아무것도 얻지 못해.

젊음을 걸지 않고 경험을 낚을 수는 없어.

체력을 걸지 않고 건강을 낚을 수는 없어.

인생을 걸지 않고 인생을 낚을 수는 없어.

031

넌 인생이 뭐라고 생각하냐?

타이어.

왜?

틈이 없을수록 위험하니까.
타이어는 맨들맨들할수록 사고 위험이 커져.
고무가 마모돼서 무늬가 희미해지면 바로 교체해야 해.

그래서?

실패와 고난이 인생의 틈이야. 그들을 반가워해야 해.
그 틈은 약점이 아니라 나만의 요새니까.
인생은 타이어 같아서,
틈이 없으면 제동거리가 길어져서 더 크게 다쳐.
위기를 겪어본 적 없는 사람은
브레이크를 밟을 줄 모르기도 하고.

032

넌 인생이 뭐라고 생각하냐?

지하철.

왜?

땅 밑도 길이 될 수 있으니까.

그래서?

바닥을 쳐도 그 바닥 밑에는 또 다른 길이 있더라.
때로는 정체가 심한 도로보다 훨씬 더 빨리 목적지에 도착하고,
언제든지 출구로 빠져나갈 수 있는 길.

033

넌 인생이 뭐라고 생각하냐?

차선.

왜?

교차로에는 차선이 없거든.

그래서?

인생에도 차선이 있어서,

앞으로 곧게 나아갈 때는 뚜렷하게 길이 잘 보이지만

방향을 전환하려고 교차로에 진입하면 차선이 보이지 않아.

어디로 갈 것인가를 정하고,

그 선을 스스로 그려나가야 해.

저마다의 목적지를 향해 사방으로 차들이 내달리기 때문에

맞은편에서 달리는 차도, 바로 옆에서 달리는 차도, 조심해야 해.

방향을 바꾼다는 건 그렇게 어려운 일이야.

동시에, 나에게 달린 일이지.

FUJIYA
Nikon

034

넌 인생이 뭐라고 생각하냐?

내비게이션.

왜?

길 안내를 받을 수는 있어도
목적지를 대신 정해달라고 할 수는 없으니까.

그래서?

길을 가는 도중에는 도움을 받을 수 있지만,
결국 어디로 갈 것인지는 스스로 결정하고 입력해야 해.
솔직히,
'어떻게'를 알 수 없어서 곤란한 적은 없잖아.
'어디'로 갈 것인가를 방황했을 뿐이지.

Haarlemmerweg
Amsterdam
10:32
1.9
km
43
km/h

035

넌 인생이 뭐라고 생각하냐?

스포츠타올.

왜?

뛰어난 흡수력을 자랑하지만,

경험해보기 전에는 그 힘을 믿기 힘들 만큼 자그마해서.

그래서?

사람은 스스로의 힘을 잘 믿지 못해.

그래서 막상 해보면 별거 아닌 일에도 지레 겁먹고 도망치지.

무언가를 새롭게 시작하려면 지난한 시간이 걸리곤 해.

즉, 운동하러 갈 때까지가 너무 오래 걸려.

스스로를 믿고 진짜 자기 인생을 살아가게 될 때까지가

너무 오래 걸려.

036

넌 인생이 뭐라고 생각하냐?

다리미.

왜?

디테일에 집착하면 영영 다림질을 끝낼 수 없거든.

그래서?

주름 하나 없는 인생을 만드는 건 불가능해.

옷은 입체적이어서

앞면을 먼저 다릴 것인지, 뒷면을 먼저 다릴 것인지 선택해야 해.

인생도 입체적이어서

앞으로 빨리 달릴 것인지, 뒤로 잠시 물러날 것인지 선택해야 해.

조금은 쭈글한 모습도 있겠지만,

작은 변수와 실수에 연연하면 영영 과거에 머물 수밖에 없어.

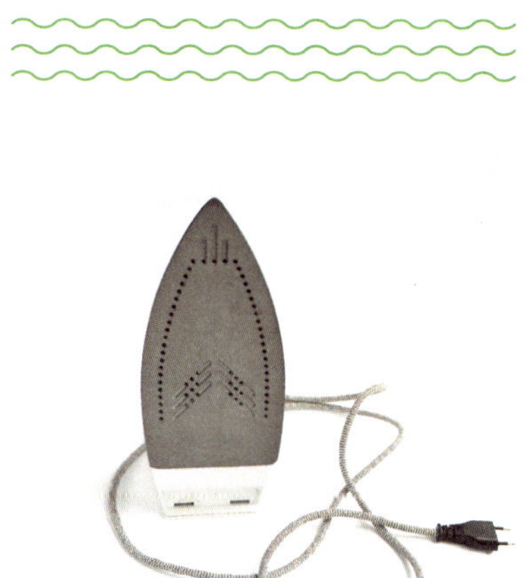

037

넌 인생이 뭐라고 생각하냐?

백팩.

왜?

크로스백, 토트백, 다른 어떤 종류의 가방보다
무거운 짐을 가볍게 들 수 있으니까.

그래서?

완전히 짊어지는 게 오히려 편할 때도 있어.
인생을 똑바로 마주하고, 문제를 확실하게 책임지는 거야.
어정쩡하게 한 쪽 어깨에 걸치고 있으면 더 힘드니까.

038

넌 인생이 뭐라고 생각하냐?

가위.

왜?

날이 두 개가 아니면 쓸모가 없으니까.

그래서?

인생이 쓰기도 하고 달기도 해야, 쓴 줄도 알고 단 줄도 알지.

쓴맛도 보고 단맛도 보면서

내가 원하는 모양대로 오려나가면 그게 인생이야.

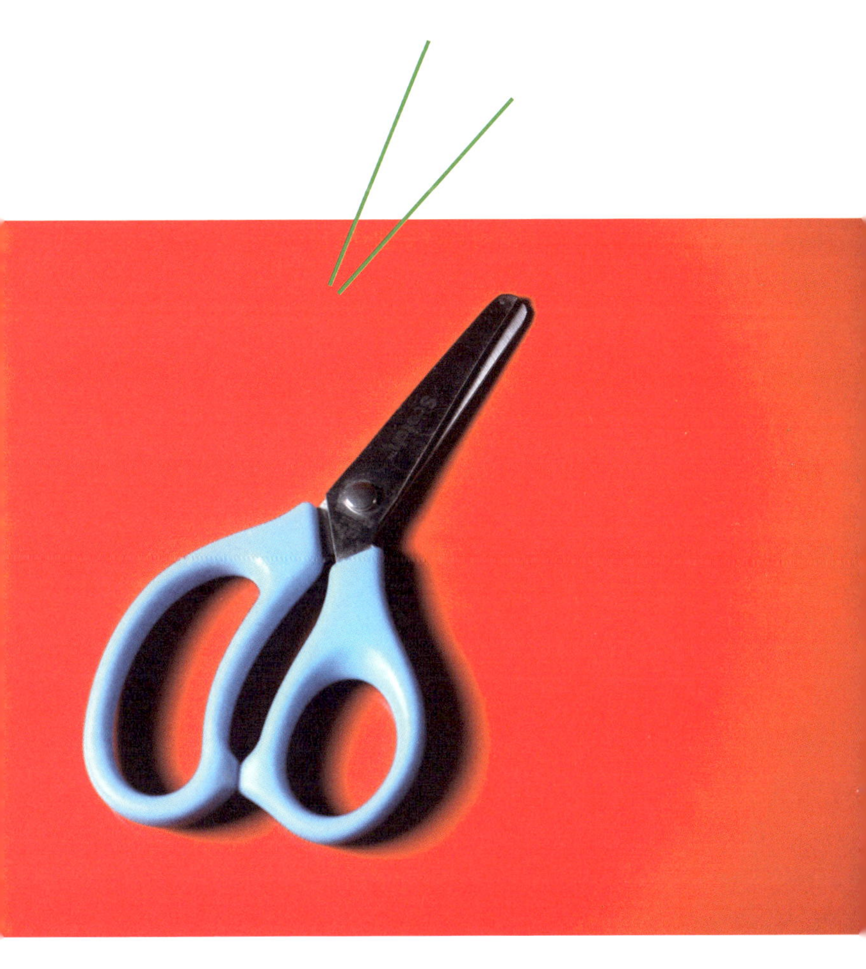

039

넌 인생이 뭐라고 생각하냐?

다이어리.

왜?

1월만 열심히 쓰잖아.

그래서?

인생도 해마다 1월은 엄청 열심히 살잖아.

작심'삼'일씩이나 할 수 있으면 정말 대단하다고 생각해.

왜 해가 매일 뜨고 지는 줄 알아?

매일 마음먹으라고.

사람이 그렇다니까.

040

넌 인생이 뭐라고 생각하냐?

제로 콜라.

왜?

콜라를 안 마시면 그만일 텐데
어떻게든 콜라를 포기할 수 없다, 이거잖아.

그래서?

살다보면 그렇게까지 해야 하나 싶은 게 한두 개가 아니거든.
근데 그렇게까지 해야 돼.
그게 인생이야. 좀 구질구질해 보여도.

Coca-Cola
zero
ВКУС
БЕЗ

041

넌 인생이 뭐라고 생각하냐?

자판기.

왜?

가끔 돈만 먹으니까.

분명히 돈을 넣었는데 음료수가 나오지 않을 때도 있잖아.

그래서?

살다보면 노력해도 안 되는 일이 있어.

돌려받지 못하는 돈도 있어.

돌아오지 않는 사랑도 있어.

어쩌면, 가끔은 야속한 게 인생이야.

그렇다고 손해는 아니야.

나도 가끔은 길을 걷다가 동전을 줍잖아.

쌤쌤이지.

お～いお茶
evian
LEMON
TEAS' TEA
つめた～い
BLEND
BLACK
Black
バナナ
オーレ
天然水
サイダー
ZERO
ナタデココ
リボン
シトロン
梅
WATER

042

넌 인생이 뭐라고 생각하냐?

알사탕.

왜?

깨물어 먹으면 금방 사라지고,
너무 열심히 빨아 먹으면 혀가 베이고,
천천히 녹여 먹으면 그게 무슨 재미람!

그래서?

인생도 똑같아.
서둘러 결과를 내려고 하면 금방 끝나버리고,
너무 열심히 살면 몸이 상하고,
천천히 느긋하게 가려고 하면 그게 무슨 재미람!

043

넌 인생이 뭐라고 생각하냐?

양말.

왜?

패션은 눈에 잘 보이지 않는 곳까지 멋져야 진짜 멋이니까.
벨트, 속옷, 양말도 예뻐야 진짜 예쁘잖아.

그래서?

혼자 있을 때, 뒹굴거리며 쉴 때, 고민할 때,
눈에 잘 띄지 않는 순간까지 행복해야 정말 행복한 인생이야.

044

넌 인생이 뭐라고 생각하냐?

장작.

왜?

불쏘시개와 통나무 장작, 둘 다 필요하니까.

그래서?

난로에 불이 잘 붙는 불쏘시개와
불이 오래가는 통나무 장작이 모두 필요한 것처럼,
인생을 살아가는 데도 엄청난 화력을 자랑하는 열정과
따뜻한 온기가 오래 지속되는 여유가 모두 필요하잖아.

045

넌 인생이 뭐라고 생각하냐?

찍찍이.

왜?

거칠기만 해도 부드럽기만 해도, 고정되지 않으니까.

그래서?

혈액형, 관상, 별의별 기준으로 사람의 성격을 나눠서 떠들지만
몇 가지 유형으로 분류하기 곤란할 정도로
다양한 성격을 동시에 가지고 있는 것이 지극히 정상이잖아.
인생은 찍찍이 같아서,
섬세함과 터프함을 동시에 지니고 있어야 이상적이야.

046

넌 인생이 뭐라고 생각하냐?

박스 테이프.

왜?

임기응변으로 붙였는데 꽤 튼튼하고 쓸모 있어.
하지만 제때 떼어내지 않으면 끈적거리지.
박스 테이프를 붙이기는 쉽지만 그 흔적을 없애기는 어려워.

그래서?

인생은 급한 대로 처리할 일이 많아.
우리는 때로 자신의 눈부신 순발력에 스스로 감탄하기도 해.
하지만 모든 일을 닥쳐서 해결하다보면
덕지덕지 문제가 남고, 미련이 남고, 후회가 남을 수밖에 없어.
새로 마련하거나 제대로 수리하지 않고 임시방편에 의존하면
인생이 아주 후줄근해지거든.

047

넌 인생이 뭐라고 생각하냐?

세차.

왜?

주로 자동 세차, 가끔은 손 세차, 둘 다 해야 돼.

그래서?

자동 세차만 하면 어설프고, 손 세차만 하면 힘들거든.

인생도 마찬가지야.

아날로그만 있으면 불편하고, 디지털만 있으면 팍팍하거든.

효율과 낭만이 함께 있어야 인생이 아름답지 않을까?

048

넌 인생이 뭐라고 생각하냐?

요가 매트.

왜?

공간은 내 몸을 누일 수 있을 정도면 충분하구나,

더는 필요 없다는 걸 깨닫게 되니까.

아무리 복잡해도 매트를 벗어나는 요가 동작은 없어.

그래서?

사람의 욕심은 끝이 없어서

지구를 정복해도 무한대로 확장하는 우주가 남아 있어.

궁궐 같은 집에서 살아도

내가 차지하는 '공간'이란 내 몸이 숨쉬고 있는 만큼 뿐이야.

그러니까 그만큼만 지키고, 그만큼만 노력하면 돼.

049

넌 인생이 뭐라고 생각하냐?

캣타워.

왜?

고양이는 캣타워를 사주면
맨 꼭대기에 집착하지 않고 마음에 드는 위치를 찾거든.

그래서?

해가 잘 드는 곳에 드러눕고 싶을 수도 있고,
땅에 가까워서 흔들리지 않는 곳이 편안하게 느껴질 수도 있고,
그야말로 맨 꼭대기에 머무는 게 흡족할 수도 있어.
물론 사람은 고양이처럼 현명하지 못해서 집착이 심하지만,
진정으로 마음에 드는 자리를 찾아야 인생이 행복해져.
인생은 캣타워 같아서,
정상 정복의 기쁨은 그때 잠시 뿐이야.

050

넌 인생이 뭐라고 생각하냐?

양은 냄비.

왜?

잠깐 딴짓하고 있으면 금방 물이 끓어 넘치고,

불을 끄면 또 너무 빨리 식으니까.

그래서?

인생은 내가 감당할 수 없을 때 가장 뜨겁게 타오르고,

내가 준비되었을 때 가장 빠르게 식어버려.

그러나 한 번 식으면 또 끓일 수 없다는 섣부른 단념이 문제일 뿐,

식은 냄비는 다시 데우면 돼.

의외로 데운 것이 더 맛날 때도 많아.

식어버리면 다시 데우면 된다는 걸 깨닫는 순간,

진짜 어른의 인생이 시작되는 것일지도.

안타깝게도 대부분 그걸 깨닫지 못하고 그냥 포기해버리지.

051

넌 인생이 뭐라고 생각하냐?

비타민 알약.

왜?

아무리 먹어봤자 해를 한 번 더 보는 게 나으니까.

그래서?

인생은 약으로 살아갈 수 없어.

비타민 알약 같은 현대인의 인생은 햇볕을 보지 못해.

편리하다는 게 뭘까? 충분하다는 게 뭘까?

한 알만 먹으면 된다는 유혹에 넘어가면 오줌만 노래질 뿐이야.

밖으로 나가야지. 햇볕을 받아야지.

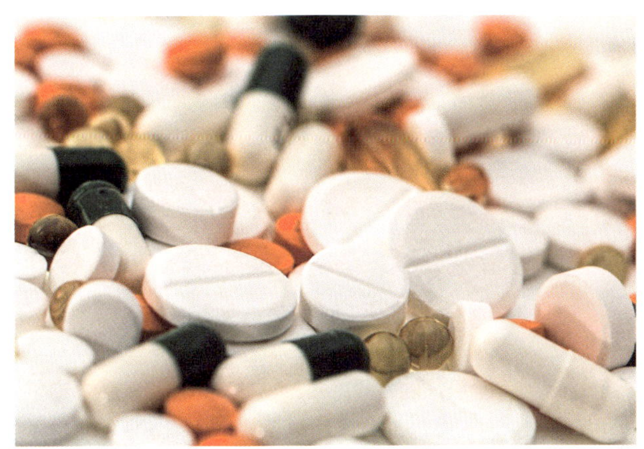

052

넌 인생이 뭐라고 생각하냐?

어항.

왜?

어항의 정말 무서운 점은 어항 속 세상이 아름답다는 거야.
갇혀 있는데, 갇혀 있는 줄 모른다는 거야.
'행복'하다는 거야.

그래서?

어항이 예쁘다는 건 밖에서 보는 사람들의 감상이지,
그 안에 살고 있는 물고기의 뜻이 아니야.
입시, 취업, 결혼, 출산, 아파트 평수 늘리기….
사회가 말하는 안전하고, 깨끗하고, 아름다운 인생은
결국 어항 속 삶이야.
바다로 나아갈 수도 있었지만, 우리는 어항에서 '행복'해하지.
어항에 길들여진 생명체는
바다의 존재조차 몰라서, 자유를 갈망조차 못하니까.

053

넌 인생이 뭐라고 생각하냐?

컬러링북.

왜?

스트레스 풀린다고 해서 샀더니
색칠을 하면 할수록 스트레스가 극심해져서.

그래서?

세상은 인생을 어렵게 생각하지 말라고,
시키는 대로 움직이면 된다고 말하지만,
아무리 허접해도 내 그림을 그리는 편이 훨씬 기분 좋아.
그 길이 아무리 고되더라도 색칠 공부는 하고 싶지 않아.

054

넌 인생이 뭐라고 생각하냐?

Wi-Fi 비밀번호.

왜?

무료를 위해 유료 결제가 필요하니까.

무료 제공되는 와이파이를 사용하기 위해 카페를 가잖아.

비밀번호가 영수증에 있는데, 우린 왜 그걸 공짜라고 믿는 걸까?

그래서?

TV에서도 서점에서도 영화에서도

'있는 그대로의 나를 사랑하라'는 위로가 난무하는 세상이야.

말 잘 듣는 현대인은 인생을 즐기라는 조언을 따라

욜로와 소확행을 위해 여기를 여행하고 저기에서 쇼핑을 하지.

사랑과 행복에는 큰돈이 들지 않는다고 믿으면서.

근데 말이야.

영수증이 쌓여가는데, 우린 왜 그걸 '공짜'라고 믿는 걸까?

우린 왜 그걸 '행복'이라고 믿는 걸까?

WiFi
WPS

055

넌 인생이 뭐라고 생각하냐?

북카페.

왜?

책은 장식이야.
북카페에서 책 읽는 사람을 본 적이 없어.

그래서?

북카페가 책으로 분위기를 내지만 커피 팔아서 운영되듯이
사람의 인생도 하고 싶은 일과 밥벌이가 따로 놀 때가 많고,
북카페의 책장이 인테리어 용이라서 책이 불편해 보이는 것처럼
사람도 빌어먹을 체면 때문에 불편한 옷을 입고 불편한 사람과
즐거운 듯이 대화해야 할 때가 많아.
슬프게도 인생에서 사람은 장식이야.
자신이 원하는 삶을 살아가는 인생이 드물어.

056

넌 인생이 뭐라고 생각하냐?

보조 배터리.

왜?

요즘은 핸드폰을 잠시도 꺼놓지 못해.

빌어먹을.

그래서?

우리는 항상 조금 더 힘낼 것을 요구받아.

힘겨운 순간, 사람은 마지막 남은 힘을 쏟아내.

위험한 순간, 사람은 젖먹던 힘까지 짜내서 바쳐.

이 놈의 사회는 무리해서 끌어올리는 힘까지 계속 요구해대.

탈탈 털리면서 일하고 있는 거지.

휴일도, 휴가도, 여가도, 좋아하는 사람과 함께할 저녁 시간도.

우리는 당장 전원이 나가버려도 이상할 것 없는

가여운 인생을 살고 있는 거야.

057

넌 인생이 뭐라고 생각하냐?

맥가이버 칼.

왜?

만능은 로망에 불과하니까.
요즘 같은 세상에 원터치 아닌 통조림이 어디 있고,
갑자기 왜 불을 피워야 할 일이 생기겠어.

그래서?

평균에 집착하는 이 사회는 뭐든 평균 이상은 해야 한다고 말해.
왜 그래야 하지?
사람마다 주특기가 다른 건 너무나도 당연하잖아.
남들과 나를 비교하기 시작하면 무력감만 더해질 뿐이야.
안 해본 것이 없지만 제대로 할 줄 아는 것도 없는 짝퉁 맥가이버,
이보다 더 슬픈 주인공이 있을까.

058

넌 인생이 뭐라고 생각하냐?

라면.

왜?

하정우가 광고에서 한 말이 잘못된 말이라서.

그래서?

"실패 좀 하면 어때요? 좀 넘어지고 그럴 수 있지.

라면을 봐~

물에도 빠지고, 불에도 팔팔 끓고 하니까 맛있어지잖아."

이건, 잘못된 말이야.

그렇게 내 인생을 물에 빠뜨리고, 불에 팔팔 끓여서

자기들 입에 넣으려는 그들이 하는 말이야.

'아프니까 청춘'이라는 말이야.

대부분 인생들이 그렇게 맛있게 먹히곤 해.

슬픈 일이야.

모른다는 건.

자기가 라면인지, 라면을 먹는 사람인지.

059

넌 인생이 뭐라고 생각하냐?

평양 냉면.

왜?

면스플레인, 딱 질색이니까.
가위질하지 않고 먹어야 한다, 겨자는 절대 넣으면 안 된다,
식초를 국물에 넣어야 된다, 아니다 면에 뿌려야 된다,
너무 너무 말이 많아.
아니, 냉면도 내 맘대로 못 먹어?

그래서?

인생에도 쓸데없이 잔소리하는 사람들이 아주 많거든.
눈길도 주지 마.
할 일 없고 심심해서 괜히 다른 사람 인생에 참견하는 거니까.
내 입에 맛있으면 그걸로 된 거야.

060

넌 인생이 뭐라고 생각하냐?

명품.

왜?

다들 좋아하지만, 대부분 짝퉁을 가지고 있거든.
본품을 가지고 있는 사람들도
돈을 가졌을 뿐, 명품을 가졌다고 말할 수 있는지 의문이고.

그래서?

다들 이상적인 인생을 동경하지만,
슬프게도 대부분의 사람들이 짝퉁으로 살고 있어.
마감이 아름답지 못하거나,
로고의 스펠링이 틀렸거나,
안감의 소재가 다르다거나.
그렇다고 예약하기 힘든 레스토랑에서 밥을 먹고
대리석 바닥의 집에서 산다고 해서 명품 인생인 것도 아니야.
돈을 가졌을 뿐이지.
그게 진짜 가치 있는 인생은 아니잖아.

CHANEL
CHANEL

061

넌 인생이 뭐라고 생각하냐?

보도블록.

왜?

나에게는 충분히 평평하지만
휠체어를 탄 사람, 지팡이를 짚은 사람, 어린 아이를 보며
그렇지 않은 사람도 있다는 걸 알게 돼.

그래서?

인생은 같은 길이라고 해서 모두에게 평평하지는 않아.
심지어,
갈수록 인도의 폭이 좁아지고 차도의 폭이 넓어지는 것처럼
묵묵히 걷는 인생을 기만하며 그 옆을 쌩- 지나치는 인생도 있지.
사람이 깔아놓은 길이라는 게 그렇더라.

062

넌 인생이 뭐라고 생각하냐?

바닥 난방.

왜?

바닥부터 천천히 방 전체를 따뜻하게 만드니까.

그래서?

아침밥이 맛있고, 해가 눈부시고, 공기가 맑은 것부터.
아이들이 배곯지 않고, 학교가 즐겁고, 기회가 공평한 것부터.
인생의 '온기'란
밑에서부터 쌓아야 건강하게 오래간다는 걸 기억해야 해.
바닥은 차가운데 위에서 뜨거운 바람만 내뿜으면
건조해서 불나거든.

063

넌 인생이 뭐라고 생각하냐?

꽃다발.

왜?

같은 땅에서 자라지 않은 꽃들이 어울리니까.

그래서?

사회는 온통 나와 다른 사람들로 가득해.

성별, 나이, 직업, 성격, 가치관이 다른 사람들과

매 순간 다름을 실감하며 사는 게 인생이야.

그렇게 어울려 사는 게 인생이야.

064

넌 인생이 뭐라고 생각하냐?

신문.

왜?

누군가에겐 평생 곱씹어질 말, 기억될 사건, 연구할 내용이지만
누군가에겐 내일이면 잊힐 일이니까.

그래서?

같은 하늘 아래 살아도 사람마다 주목하는 주제가 다르잖아.
같은 주제를 다루더라도 시각의 차이가 드러나고,
문제의 심각성을 받아들이는 비중도 달라.
각자의 뉴스를 가지고 살아가는 게 인생이야.

065

넌 인생이 뭐라고 생각하냐?

페이크퍼.

왜?

인조적이니까.

그래서?

동물 보호 인식이 커지면서 페이크퍼는 짝퉁 이미지를 벗었어.
생각해보면 애초 인조(人造)의 뜻은 '가짜'가 아니라,
'사람이 만들었다'는 것이었지.
인생이야말로 인조, 인공, 인위적일수록 훌륭한 것 아닐까.
다른 생명의 가죽을 벗기지 않고 스스로 만드는 인생, 멋지잖아.

066

넌 인생이 뭐라고 생각하냐?

칼.

왜?

무딘 칼이 더 위험하니까.

그래서?

무심한 사람이 아무렇지 않게 더 상처주는 말을 하는 것처럼,
날이 서 있지 않은 무딘 인생은 아주 위험해.
날카로움을 유지하라는 말은 까칠하게 굴라는 게 아니라,
감각을 유지해야 한다는 뜻이야.
날카로운 칼로 살아가겠다는 말은 한순간도 허투루 보내지 않고,
나의 삶을 주체적으로 살아가겠다는 뜻이야.

067

넌 인생이 뭐라고 생각하냐?

거미줄1.

왜?

구슬도 꿰어야 보배라는 말처럼

거미줄도 선이 이어져야 사냥을 할 수 있으니까.

선을 이으려고 하지 않고 그저 늘어뜨리기만 한다면

끈적이고 질척이는 실밥일 뿐이야.

그래서?

매 순간 스스로의 선택을 정교하게 설계할 줄 알아야 해.

내가 어디 있는지 알아야 인생을 내 뜻대로 살 수 있어.

무턱대고 다들 좋다고 하니까 따라하면,

코딩에 능하고 토익 점수 되게 높은 치킨집 사장이 될 뿐이야.

068

넌 인생이 뭐라고 생각하냐?

거미줄2.

왜?

거미는 거미줄이 비를 맞아서 무너져도 다시 짓고,
거미줄에 사냥감이 걸려서 구멍이 나도 다시 짓잖아.

그래서?

결과가 좋아도 나빠도 그 상태로 멈추지 않는 게 인생이야.
상처받고 찢기고 다시 처음부터.
인정받고 아물고 다시 처음부터.
그러니까 성공에 자만해선 안 되고, 실패에 절망할 필요도 없어.

069

넌 인생이 뭐라고 생각하냐?

창문.

왜?

열고 닫을 수 있잖아.

그래서?

인생도 상황에 따라 열고 닫을 줄 알아야 해.

갑갑할 땐 활짝 열어젖혀서 환기를 시켜야 해.

모두가 '안정'을 택하라고 할 때, 새로운 변화를 받아들이는 거지.

비바람이 몰아칠 땐 꼭꼭 걸어 잠글 줄도 알아야 해.

누가 뭐라든 끈기와 인내로 꿋꿋이 견뎌내는 거야.

남들이 맘대로 열고 닫게 놔두면 안 돼.

내 인생이잖아.

070

넌 인생이 뭐라고 생각하냐?

노래방 마이크.

왜?

시키지도 않은 코러스는 제발 좀 그만.

그래서?

허락한 적 없는데 내 인생에 코러스 넣는 사람들이 많아.

"내가 너 잘되라고 하는 소리야."

"돈 주고도 못 듣는 얘기야. 너니까 말해주는 거야."

하~, 누가 쟤 마이크 좀 뺏어라.

071

넌 인생이 뭐라고 생각하냐?

타로 카드.

왜?

해석하기 나름이라.

나 좋은 대로 듣는 능력이 출중할수록 잘 살거든.

그래서?

'죽음[death]' 카드는 끝과 시작을 동시에 상징한다잖아.

비참한 결말과 새로운 기회는 가까운 이웃이야.

마찬가지로

인생은 고단함과 즐거움을 동시에 떠올릴 수 있어.

죽음[death] 카드가 나왔을 때 두려움에 사로잡힐 것인가,

과거와의 이별을 기쁘게 받아들일 것인가는 내 선택이지.

072

넌 인생이 뭐라고 생각하냐?

프라이팬.

왜?

베이컨 기름이 남은 프라이팬에 음식을 하면 다 맛있거든.

그래서?

우울한 사람은 뭘 해도 우울해지고,

유쾌한 사람은 뭘 해도 유쾌하잖아.

어떤 기운을 풍기는 인생인가에 따라서 모든 상황이 달라지지.

073

넌 인생이 뭐라고 생각하냐?

라떼.

왜?

우유를 어디에 붓고 섞느냐에 따라 맛이 달라지니까.

그래서?

라떼는 다 라떼야.
우유를 어디에 넣느냐에 따라
카페라떼, 녹차라떼, 고구마라떼, 바닐라라떼가 되는 거지.
인생은 다 인생이야.
나의 힘을 어디에 쏟느냐에 따라
장르가 바뀌고, 맛이 바뀌고, 나만의 향이 풍겨 나오는 거지.

074

넌 인생이 뭐라고 생각하냐?

풍선.

왜?

비록 속이 텅 비었지만

그 부풀린 모습의 아름다움을 인정받으니까.

그래서?

인생은 허세와 거짓 투성이야.

귀여운 수준에서 머문다면 그보다 이상적인 일상은 없어.

큰소리쳐놓고 자신이 한 말을 책임지기 위해 노력하다가

허세를 현실로 만드는 해피 엔딩도 꽤 흔하거든.

절반밖에 안 읽은 책을 다 읽었다고 뻥쳤다가 결국 끝까지 읽고,

막 배우기 시작한 외국어를 잘한다고 뻥쳤다가 결국 유창해지고.

선언이 되어버린 허세는

사기(詐欺) 범죄가 아니라 사기(士氣) 충전이야.

가끔 선을 넘는 사람들이 보여도 크게 경계할 필요는 없어.

도가 지나치면 알아서 펑- 터질 테니.

075

넌 인생이 뭐라고 생각하냐?

방학 계획표.

왜?

사실 쓸 때부터 알고 있으니까.

슬픈 예감은 왜 틀리는 법이 없는가.

그래서?

지키지 못할 약속은 스스로를 괴롭게 할 뿐이야.

괜히 눈치 보여서 무리한 자기 계발 계획을 세우는 것보다

실컷 놀겠다는 계획을 세우는 편이 좋아.

계획표를 만들 때도 즐겁고, 나중에 후회도 남지 않잖아.

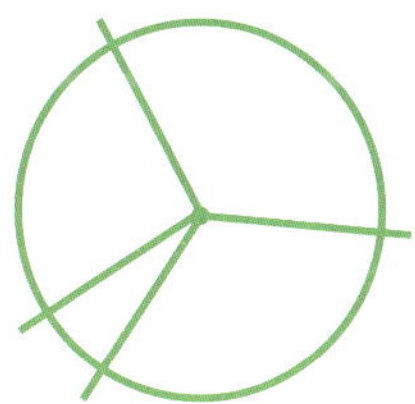

Zeit
Time
Heures
Hora
Deutsch
Deutsch
Mathe
Mathe
Physik
BK
BK
Mathe
Mathe
Bio
Geo

076

넌 인생이 뭐라고 생각하냐?

카페인.

왜?

각성은 잠깐이고, 패닉을 부르니까.

그래서?

비논리적인 반등은 기뻐할 일이 아니야.

억지스러운 각성은 반드시 부작용을 낳아.

가지고 있는 힘보다 더 많은 힘을 써버리면, 곧,

좀비가 되기 십상이지.

인생은 언제나 내가 준비된 만큼만 나아간다는 걸 기억해야 해.

077

넌 인생이 뭐라고 생각하냐?

엄지장갑.

왜?

정말 불편하기 짝이 없지만

아무것도 할 수가 없어서, 그래서, 따뜻하잖아.

그래서?

할 일을 다 하면서 쉴 수는 없는 거야.

손을 따뜻하게 하려면 손가락의 자유를 포기해야 하는 것처럼

인생은 때로 스스로를 묶어서라도 쉬어가야 해.

078

넌 인생이 뭐라고 생각하냐?

흰 셔츠.

왜?

흰 셔츠에 청바지, 기본에 충실하면 최고니까.

그래서?

흰 셔츠만 입고도 멋있어 보이기가 쉽지 않잖아.

차라리 화려하게 꾸미는 게 쉽지.

이상적인 인생이란 몸에 잘 맞는 흰 셔츠 같은 것일지도 몰라.

평범한 인생만큼 비범한 인생은 없으니까.

079

넌 인생이 뭐라고 생각하냐?

배추.

왜?

배추는 어떻게 요리해도 맛있어.
기본적으로 달콤하고 아삭하며 잘 조화되는 성질을 가졌거든.
김치도 담그고 다른 음식과 함께 먹기도 하고.
하지만 항상 갈망하는 맛은 방해받지 않는 배추 본연의 맛이야.
그냥 씻어서 탁 털어서 먹는 맛. 원래 배추의 맛.

그래서?

인생은 어떻게 살아도 재밌어.
기본적으로 싱그럽고 다른 사람과 잘 어울리는 성질을 가졌거든.
자극적인 양념도 즐기고 옆 사람을 따라하기도 하고.
하지만 항상 갈망하는 삶은 방해받지 않는 내 본연의 삶이야.
그냥 마음 가는 대로 사는 삶. 원래 인생의 맛.

080

넌 인생이 뭐라고 생각하냐?

김밥.

왜?

재료를 가지런히 모은 것 뿐인데 새로운 요리가 되니까.

그래서?

인생은 전에 없던 옷을 입고 전에 없던 음식을 먹어야
비로소 의미 있어지는 게 아니야.
이미 세상에 나온 것 중에서 마음에 드는 것들을
가지런히 모아놓은 것이 내 인생이지.
창의력은 발명이 아니라 발견에서 발휘되는 힘이므로.

081

넌 인생이 뭐라고 생각하냐?

책.

왜?

끝이 없으니까.

그래서?

<거위의 꿈> 노래를 되게 좋아하는데, 이 가사는 반박하고 싶어.
'세상은 끝이 정해진 책처럼 이미 돌이킬 수 없는 현실이라고'
책은 절대 끝이 정해져 있지 않아.
모든 책의 끝은 에필로그가 아니라 독자의 해석이고, 여운이야.
만약 끝이 정해져 있다면 그건 진짜 책이 아니야.
만약 끝이 정해져 있다면 그건 진짜 인생이 아냐.

082

넌 인생이 뭐라고 생각하냐?

음원 파일.

왜?

레코드판이 카세트가 되고 카세트테이프가 CD로 바뀔 때까지는
물리적 성질의 변화가 눈에 보였지만,
CD가 다운로드 스트리밍이 되자
기술의 발전을 더 이상 눈으로 확인할 수 없게 되었으니.

그래서?

어린 시절에는 눈에 보이는 성장으로 충분하지.
걸음마를 떼고, 말을 시작하고, 글자를 쓸 줄 알게 되는 것까지는.
하지만 정말 어른이 되기 위해서는
눈으로 확인할 수 없는 성장이 필요해져.
꿋꿋이 걷고, 행간을 읽고, 마음을 다스릴 줄 알게 되는 것까지를.

083

넌 인생이 뭐라고 생각하냐?

피아노.

왜?

당당하게 치면 웬만해선 틀린 줄 모르거든.

그래서?

인생은 항상 라이브야.

요즘 같은 100세 시대에 피아노 연주를 100년 동안 해야 되는데

기계가 아니고서야 어떻게 한 번도 실수가 없겠어.

삐끗하는 순간에 동요하지 말고, 시치미 뚝 떼고 갈 수 있어야 해.

당당하게 틀리면 아무도 몰라.

만약 귀신처럼 알아채고 피식 웃는 사람이 있다고 해도,

그게 라이브의 묘미 아니겠어?

084

넌 인생이 뭐라고 생각하냐?

포스트잇.

왜?

붙일 때는 큰 감흥이 없지만
나중에 표시해둔 곳에서 실마리를 얻고 흥분하니까.

그래서?

책 많이 읽어라, 여행 많이 다녀라, 많이 도전해봐라,
온 세상에 흔적을 남기고 다니라는 조언을 성실하게 따라봐도
당장은 큰 감동이 없어.
나중에 지금 뿌려놓은 떡밥을 회수하며 비로소 그 뜻을 깨닫지.
나는 그때 인생의 표지판을 만든 거였구나, 라고.

085

넌 인생이 뭐라고 생각하냐?

역기.

왜?

들 수 있으면 운동이고,
들 수 없으면 고문이야.

그래서?

철이 든 건지, 나이가 든 건지,
갑자기 인생의 무게가 느껴지고 조금씩 날 짓누르기 시작할 때,
그 무게를 들어올리면 탄탄한 인생을 살아가게 되지만
그 무게를 이기지 못하면 버거운 하루하루를 보내게 되거든.
시간만 흘러간다고 인생이 아니야.
살아내야, 인생이야.

086

넌 인생이 뭐라고 생각하냐?

전자레인지.

왜?

앞에서 기다리고 있으면 시간이 느리게 흐르고,
잠깐 잊어버리고 있으면 금방 '띵!' 울리니까.

그래서?

안달복달하며 손꼽아 기다리면 찰나도 억겁으로 느껴지고,
하얗게 잊고 있으면 강산이 변할 세월도 순식간이야.
아이들은
빨리 어른이 되고 싶지만 하루가 너무 긴 것이 인생이고,
어른들은
언제 나이가 드는지도 모르게 세월이 너무 빠른 것이 인생이지.

087

넌 인생이 뭐라고 생각하냐?

자동차.

왜?

관리 안 하고 오래 타면 똥차 되지만,

잘 관리하면서 오래 타면 올드카 되니까.

그래서?

사람은 누구나 늙어.

관리 안 하고 오래 살면 꼰대가 되지만,

잘 관리하면서 오래 살면 어른으로 대우받는 거야.

인생은 자동차 같아서,

세차도 하고, 엔진 오일도 갈고, 타이어에 바람도 넣어줘야 해.

끊임없이 새로운 동력을 가지고 활발하게 움직여야 해.

가장 좋은 자동차 관리법은 차를 굴리는 거니까.

088

넌 인생이 뭐라고 생각하냐?

낚싯배.

왜?

멀리서는 느긋해 보이잖아.

그래서?

인생은 낚싯배 같아서,
바다 위에 있다는 사실 하나로도 충분히 힘겨운 싸움이야.
나이가 들면 여유가 생길 거라는 예상도
순풍이 부는 것은 시간 문제라는 기대도 엇나갈 때가 많아.
파도를 거스르면 배가 뒤집히고, 휩쓸리면 낚시를 할 수 없으니,
보기와는 달리 치열하지.

089

넌 인생이 뭐라고 생각하냐?

난로.

왜?

불도 따뜻하지만
둘러앉아 나누는 이야기가 더 따뜻하니까.

그래서?

인생 다 각자 살아가는 거라고 말하지만,
인생과 인생이 만나서 나누는 이야기는 가슴에 오래 남아.
불을 피워야 할 이유가 되어주기 때문에
사람은 끊임없이 사람을 그리워하는 것 아닐까.

090

넌 인생이 뭐라고 생각하냐?

커플링.

왜?

이별할 때, 사랑했던 만큼 곤란하니까.

그래서?

결과가 좋지 않으면 노력했던 만큼 상처받고,

간절했던 만큼 고통스럽고,

애틋했던 만큼 원망스러워.

'최선을 다했으니 후회도 없다'는 말을 이해하기엔

내가 너무 어린 걸지도.

사랑도, 인생도, 마음을 쏟은 만큼 돌아오길 바라면 욕심인 걸까.

091

넌 인생이 뭐라고 생각하냐?

철새.

왜?

긴 비행의 위험을 감수하고
계절마다 자신에게 가장 적합한 곳을 찾아 떠나니까.

그래서?

돌연
전공을 바꾸는 것도,
직업을 바꾸는 것도,
집을 이사하는 것도,
여행을 떠나는 것도,
유연하고, 용감하고, 성실할 때 가능하거든.
위험을 감수하고 멀리 떠나는 건
용기 있는 사람만이 할 수 있는 일이니까.

092

넌 인생이 뭐라고 생각하냐?

섬유 유연제.

왜?

'세탁'만이 목적이라면 필요 없을 텐데

향을 더해서 취향을 드러내고,

소재를 부드럽게 만들어 촉감을 유지하고,

옷이 더 오래갈 수 있도록 노력하는 것이니까.

그래서?

'생존'만이 목적이라면 필요 없을 텐데

예쁜 그릇에 담아 음식을 즐기고,

나와 다른 의견을 가지고 있는 사람과 힘껏 토론하고,

사람답게 산다는 기준에 대해 끊임없이 고민하며 살아가니까.

아니,

그래야 하니까.

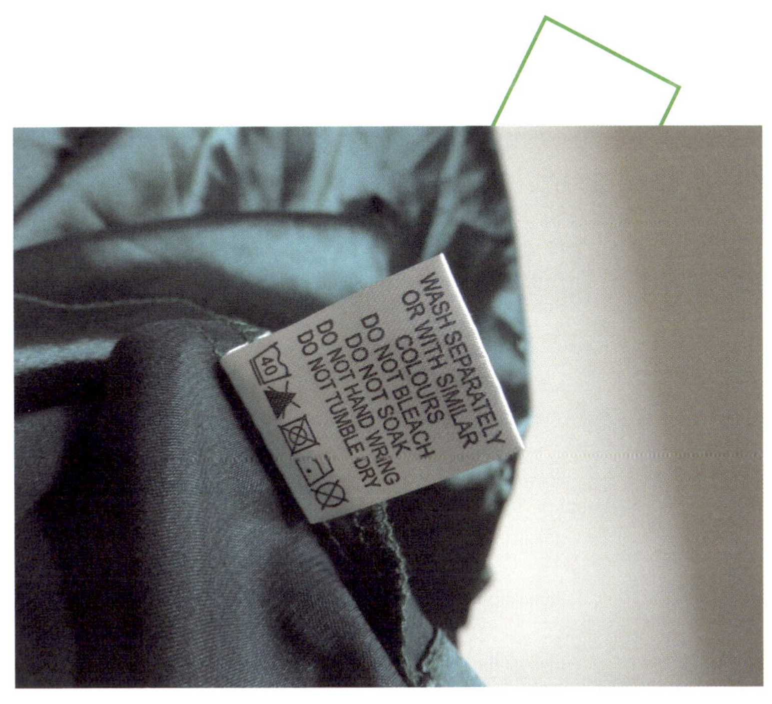
WASH SEPARATELY
OR WITH SIMILAR
COLOURS
DO NOT BLEACH
DO NOT SOAK
DO NOT HAND WRING
DO NOT TUMBLE DRY
40

093

넌 인생이 뭐라고 생각하냐?

안경.

왜?

바보처럼, 쓰고 있는 안경을 찾아다니니까.

그래서?

등잔 밑이 어둡다는 말 정도로는 부족해.

사람은 이미 쥐고 있는 것을 더 가지려고 발버둥치곤 하지.

그러다가 느닷없이 자신의 얼굴을 가격하기도 해.

눈앞에 아른거리는 성공을 붙잡으려고 애쓰는 거야.

자신의 얼굴을 비춘 거울인 줄 모르고,

저 너머에 있는 사람의 것을 빼앗으려고 악쓰는 거야.

인생은 항상 내 콧잔등에 앉아 있거든.

094

넌 인생이 뭐라고 생각하냐?

버스킹.

왜?

길에서 노래하잖아.

그래서?

인생도 길 위에 있거든.

내가 근사한 집에 있어도, 그럴싸한 사무실에 있어도,

그곳에 내 인생은 없어.

갇혀 있는 거지.

길 위에 있을 때가 내 인생이야.

걷거나, 잠시 멈춰 서거나, 다시 걷거나.

그게 인생이야.

095

넌 인생이 뭐라고 생각하냐?

갑티슈.

왜?

처음에만 어렵지 그 다음에는 부드럽게 뽑히니까.

그래서?

뭐든지 시작이 어렵잖아.

힘으로 빼면 찢기기도 하고, 뭉텅이로 튀어나오기도 해.

곧 안정을 찾고 흐름을 타면 그보다 더 쉬운 것도 없는데 말이지.

단지 살아가면 되는 것인데

나는 왜 그렇게 인생을 어려워했던 걸까.

096

넌 인생이 뭐라고 생각하냐?

베개.

왜?

배기는 것과 베고 눕는 것은 한 끗 차이니까.

그래서?

누군가에겐 위기인 사건이 누군가에겐 기회이고,
누군가에겐 함정인 곳이 누군가에겐 텔레포트야.
인생은 받아들이기 나름이지.
불편하게 배기는 것과 편안하게 베고 눕는 것은 한 끗 차이니까.

097

넌 인생이 뭐라고 생각하냐?

새로 빤 이불.

왜?

햇볕을 맡을 수 있으니까.

냄새가 없는 것의 냄새를 맡을 수 있으니까.

그래서?

사람은 보이지 않는 것을 보고, 들리지 않는 것을 듣지.

사랑, 위로, 의지 따위를.

복잡하게 생각할 필요 없이 인생은 느끼는 거야.

그 느낌을 지켜내는 게 인생이야.

098

넌 인생이 뭐라고 생각하냐?

팔레트.

왜?

물감을 편하게 섞으라고 만든 물건인데
많은 사람들이 물감을 짜놓는 것에 희열을 느끼거든.

그래서?

인생을 관상용으로 만들지 말았으면 좋겠어.
색이 뒤섞이고 뭐가 뭔지 모르게 되었을 때 새로운 이야기가
펼쳐지는 게 인생이니까.

099

넌 인생이 뭐라고 생각하냐?

우산.

왜?

비를 피하지 않는 선택을 한 거니까.

우산을 쓴다는 건

그칠 때까지 기다리지 않고 빗속으로 걸어 들어가는 일이잖아.

그래서?

인생을 살다보면 기쁨, 슬픔, 화남, 이런 감정들이

단비로 내리고, 가랑비로 내리고, 장대비로 내려.

이 모든 감정들이 생생하게 느껴지는 것은

내가 빗줄기를 피하지 않고,

인생을 온몸으로 맞닥뜨리고 있다는 증거야.

그게 산다는 거야.

그칠 때까지 기다리지 않고 빗속으로 뛰어드는 게 인생이야.

그래도, 우산은 쓰고 가.

100

넌 인생이 뭐라고 생각하냐?

왜?

그래서?

당신은 인생이 뭐라고 생각하나요?

101

넌 인생이 뭐라고 생각하냐?

왜?

그래서?

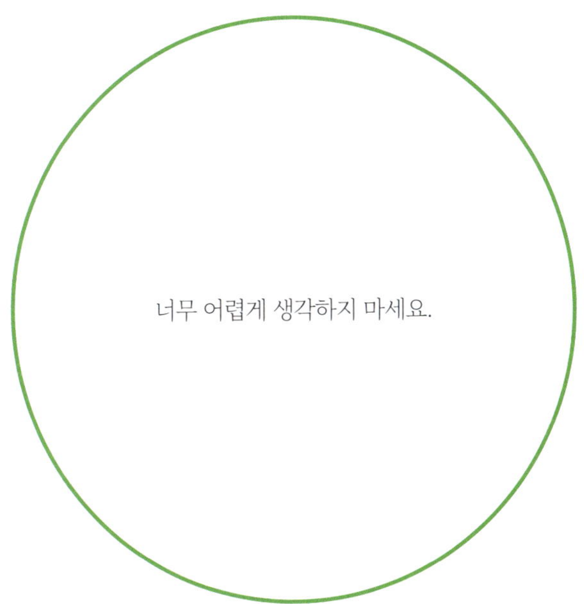
너무 어렵게 생각하지 마세요.

102

넌 인생이 뭐라고 생각하냐?

왜?

그래서?

당신의 생각과 시선으로,

103

넌 인생이 뭐라고 생각하냐?

왜?

그래서?

이 책이 완성될 테니까요.

예를 들면,

아무거나,

정말, 아무거나.

'아무말대잔치' 환영.

갖다 붙이기 환영.

인생을 떠올리면,

그걸로 충분합니다.

넌 맞춤법이 뭐라고 생각하냐?

원고의 특성상 자장면과 짜장면이 생각나는 장면이 많았습니다. 우리에게는 제법 오랜 시간 동안 '짜장면'을 '짜장면'이라 말하지 못하는 서러운 시절이 있었습니다. 하지만 많은 사람들의 언어 습관에 따라 우리 곁을 떠났던 짜장면이 다시 제자리로 돌아왔습니다. 이곳은 편집자의 깊은 고뇌가 반영된 공간입니다. 이걸 어쩌지? 단순히 맞춤법을 따를 것인가? 맛깔나게 글맛을 살릴 것인가? 이걸 어쩐다? 그래서, 맞춤법에는 옳지만 글에는 옳지 않은 몇몇 단어를 느낌이 사는 입말 그대로 쓰기로 결정했습니다. 또 사용을 권하는 순화된 표현이 어색한 경우도 같은 결론에 다다랐습니다. 다만, 독자의 편의를 위해 맞춤법에 따른 바른 표기를 따로 밝혀 둡니다.

바른 표기 → 채택된 표현

선팅(빛가림) → 썬팅

탈 인형 → 인형탈

행거(걸개) → 행거

내비게이션(길도우미) → 내비게이션

스포츠 타월(스포츠 수건) → 스포츠타올

크로스 백(엇걸이가방) → 크로스백

캣 타워 → 캣타워

북 카페(북 찻집) → 북카페

페이크 퍼 → 페이크퍼

프라이팬(지짐 판) → 프라이팬

라테 → 라떼

올드 카 → 올드카

갑 티슈(갑 화장지) → 갑티슈

팔레트(갤판) → 팔레트

* ( ) 안의 말은 순화어입니다.

이미지

본문 오른쪽 페이지의 이미지는 아래 작가들의 작품을 제공받아,
저자(유진)가 재해석한 것입니다.

001 거울 Kadres
002 조각 케이크 Couleur
003 레몬 MiraCosic
004 두부 621hjmit
005 스마트폰 Pexels
006 지구본 Alexas_Fotos
007 썬팅 CreaPark
008 갈대 fietzfotos
009 화이트보드 StartupStockPhotos
010 보석함 sreechand
011 마을버스 REDioACTIVE
012 누룽지 jbom411
013 설거지 geralt
014 머그컵 Pexels
015 아날로그 시계 markusspiske
016 '대모험'… Nietjuh 발자국 ElisaRiva
017 만년필 Bru-nO
018 머리끈 PublicDomainPictures
019 티백 congerdesign
020 연필 Devanath
021 이어폰 sunawang
022 영수증 stevepb
023 신용 카드 jarmoluk
024 밥 leecine
025 냉장고 Pexels
026 칫솔 Engin_Akyurt
027 수도관 Life-Of-Pix
028 인형탈 PublicCo
029 행거 StockSnap
030 낚시 미끼 mirandableijenberg
031 타이어 VenV 자국 Jan-Mallander
032 지하철 Free-Photos
033 차선 HtoM
034 내비게이션 DariuszSankowski
035 스포츠타올 Alexas_Fotos
036 다리미 Mimzy
037 백팩 StockSnap
038 가위 mydaydream
039 다이어리 Free-Photos
040 제로 콜라 lincerta
041 자판기 rvlak
042 알사탕 Daria-Yakovleva
043 양말 LUM3N
044 장작 Pexels
045 찍찍이 EvaFilms
046 박스 테이프 byrev
047 세차 paulbr75
048 요가 매트 pixelcreatures
049 캣타워 notoneko
050 얇은 냄비 jingor
051 비타민 알약 stevepb
052 어항 Free-Photos
053 컬러링북 A_Different_Perspective
054 Wi-Fi 비밀번호 andibreit
055 북카페 compassion
056 보조 배터리 3dman_eu

057 맥가이버 칼 Mingo123
058 라면 imnow316
059 평양 냉면 macintoy
060 명품 Hans
061 보도블록 poliakovcoba
062 바닥 난방 byrev
063 꽃다발 Pexels
064 신문 kalhh
065 페이크퍼 AvinaCeleste
066 칼 Silberfuchs
067 거미줄1 brenkee
068 거미줄2 Pexels
069 칭군 Pexels
070 노래방 마이크 Pexels
071 타로 카드 Rirriz
072 프라이팬 StockSnap
073 라떼 Pexels
074 풍선 Artturi_Mantysaari
075 방학 계획표 Bru-nO
076 카페인 Christoph
077 엄지장갑 MariaGodfrida
078 흰 셔츠 KaoruYamaoka
079 배추 lpegasu
080 김밥 Lisy_
081 책 congerdesign
082 음원 파일 Pexels
083 피아노 MabelAmber
084 포스트잇 PIX1861
085 역기 Kantasimo
086 전자레인지 Structuro
087 자동차 Foundry
088 낚싯배 pixel2013
089 난로 Pexels
090 커플링 YangSunmo
091 철새 jplenio
092 섬유 유연제 MAKY_OREL
093 안경 LeeChangmin
094 버스킹 ejaugsburg
095 갑티슈 Hans
096 베개 congerdesign
097 세로 빤 이불 rmetschers
098 팔레트 Eukalyptus
099 우산 Pexels

e.g.
카세트테이프 Pexels
서랍장 StockSnap
공구 picjumbo_com
공룡 인형 cannabird
세탁기 stevepb
꿀벌 hansbenn
헤드폰 Icons8_team
팝콘 annca
마시멜로 StockSnap
조명 Julienn